Résurgences d'Outre-Cieux

Pierre-Stanley PÉRONO

Résurgences d'Outre-Cieux
   Poésies

Éditions Milot

© Éditions Milot – Pierre-Stanley PÉRONO
ISBN : 978-2-493420-03-9

Le Code de la propriété intellectuelle et artistique n'autorisant aux termes des alinéas 2 et 3 de l'article L.122-5, d'une part, que les copies ou reproductions strictement réservées à l'usage privé du copiste et non destinées à une utilisation collective et, d'autre part, que les analyses et les courtes citations dans un but d'exemple et d'illustration, toute représentation ou reproduction intégrale, ou partielle, faite sans le consentement de l'auteur ou de ses ayants droit ou ayants cause, est illicite (article L.122-4). Cette représentation ou reproduction, par quelque procédé que ce soit, constituerait donc une contrefaçon sanctionnée par les articles L.335-2 et suivants du Code de la propriété intellectuelle.

À mon fils, Stanislas Michel-Ange

« De rapides coursiers m'emportent
Sans peur ni doute
Vers d'immenses lointains.
Et qui me voit me connaît,
Et qui me connaît me nomme
Le seigneur sans patrie. Hardiment ! De l'avant !
Ne m'abandonne pas,
Ma chance, Ô toi brillante étoile !
[…]
ô toi rêve multicolore ! »

Sans patrie – Friedrich Wilhelm NIETZSCHE

Préface

Selon William Faulkner, *«les poètes ne sont pas intéressés par les faits, mais seulement par la vérité»*.

L'auteur et poète Pierre-Stanley Pérono quitte les rivages des jeux d'influence (où il est expert) pour laisser sa propre musique à travers les mots, nous emporter dans ce que nous avons de plus profond.

Ce sublime recueil intitulé *«Résurgences d'Outre-Cieux»* laisse augurer qu'il puise sa féconde inspiration dans les tréfonds de sa propre construction. Son enfance, à Jacmel en Haïti, pétrie de créole et de français ; Sa famille, marquée par ce grand-père esquissé via un hommage émouvant. Et il y a aussi les temps anciens, rêvés, imaginaires, sacrés ou bien réels ; et l'espace familier, les paysages connus jusqu'au cosmos.

Et les poèmes créoles viennent avec leur cadence colorée nous rappeler la vivacité de cette culture majeure dont Pérono est un passeur.

Encore une fois, il nous emporte dans son monde intime, feutré et flamboyant qui touche enfin à l'universel.

H.I.H. Prince Jean-Barthélémy BOKASSA

Avant-Propos 1

Il était une fois l'Océan
Dans sa gueule se terrèrent un matin de l'an 5 de pierre
les deux flots de ton entre-belle de cuisse - béance étendue en jouvence
d'un tout nouvel honneur
d'un tout nouveau respect
Béni j'écartai la saison - Je bus un bon coup de marée
En fils parmi les fils

Ce fut ma première nuit
Mon premier jour
Mon tout premier midi

Le jour d'après sortit de terre telle une révolte de salaisons
- La Baie -
Les 18 premiers kilomètres longitudinaux de sa béance
- Les 18 premières innocences de mon humanité roulant son bord de mer
à pied de cale
et mornes ensorcelés

Et la nuit était noire
- la nuit n'avait pour lune que la lune
- le monde n'avait pour rêve que le rêve
et mes yeux étaient un grand rêve et je vis que cela était beau
C'est alors que mon cœur s'ouvrit aux caresses des flamboyants et fut oint
d'une ceinture d'ivresse à la ressemblance prophétique d'un grand rêve
Un grand ruban multicolore sur 18 kilomètres d'innocences de ta béance

Jusqu'à ce jour
Jusqu'à ce soir
Et jusqu'au lendemain du même soir

Qui vit mes pieds à chaque parcelle de torrents de sable
donner sans le savoir
l'éclatant baiser de Judas
Tel avant moi tous ces amours qui t'ont perdu

Et c'est ainsi que s'échappa mon corps
puis ma jambe mes yeux et ma bouche
Et à leur tour chacun des tours des pores de ton amour
Où demeure planté l'étendard
plus morsure que morsure
Le sourd azur de mille essaims de guêpe guerrières
Portant au loin mon âme mal aimée de chaque source
de serment de fidélité

Et suis parti ce lendemain du même soir
Tes plages tes rêves
Aux miens tressés
Et sur ta rive ma foi laissée
Pour d'autres fois
Plus fortes
Plus faibles
Lointaines vois-tu

Et notre amour survivra-t-il mille coursiers à ma porte
Et notre amour sait-il qu'ils resteront l'éternité
Ma dulcinée nouvelle
Aux mille sentiers aux pieds tortueux
Mordue ma chair ma foi inexorables errances

Et de surcroît irai-je encore plus loin
M'appelle
L'écartèle horizon

Pourtant tant de nuits bues en pleurs dans la distance de ton corps malade
Magnifique Bohio
Je t'ai connu
Mon humanité toute première
Te connaitrai-je un jour

Car me voici dans l'instant libéré
Car me voici à l'ère des pérégrinations
Saints Poussés à mes trousses

Car me voici
M'étreint d'infinis le désir

Me faut-il une patrie
Ne suffit-il
L'infini pivotement aux mains des éclairs de soleils

Avant-Propos 2

…mais me pourchassent les brûlures de tes lèvres
                      Gravées en ma mémoire tel un baiser indélébile
Pareil à ces baisers que ton corps infusa au mien par une nuit de pleine lune multicolore
sur une plage des Caraïbes

Dans la distance à jamais agrippé à l'Embouchure
                      telle la grandiosité exubérance d'un sexe de Femme

Et me voici condamné à faire un grand poème à l'aune de ma vie

Chacune de mes errances adjugée et vendue sur ton dos de jument ailée
Me voici condamné à la gloire de tes seins tel un rappel de verdures
contrariées aux pieds éclatants de
turquoise

                      Un poème lancé sur la barque de la folie

Cette barque sera semblable à un vaste chant de sirènes et viendront s'y coller en rondes promenades et balades à perpétuité les amoureux passés et à venir

De toutes les folies et de tous les combats par lesquels l'homme sait d'avance qu'il se perd dans un grand rêve trop fabuleux pour sa permanence d'étés

Et ses amours il couvrira de honte n'ayant plus désormais d'yeux que pour toi et ton chant damnation mouvant au cœur des eaux comme gicleraient des nénuphars
condamnés à gicler d'éternité

Je serai le grand Maître Nautonier
Et plus passeur habile
Tumultueux plus flot que Taroyo
Afin que se réjouisse ta légende par-delà l'espace et le temps
Tu es restée gravée en ma mémoire
Telle ma langue de pierre qui à ta pierre traîne

Tu es restée gravée en ma mémoire
Et je porte ta soif telle une furie d'étalons
la piqûre clairvoyance de mille essaims de guêpes guerrières
En œuvre de *désaltérance* à la virginité des heures lascives

Pour avoir déserté

Pour avoir déserté jusques à ma fenêtre
Laissé traîner mes yeux de mon balcon jusqu'au balcon voisin
Miroirs et baumes
Je fus bercé d'un magique tourbillon de rêves et de piqûres de rêves
Une rose à saisir

Le point d'or de la nuit approchait à grands pas
Et la belle portait en contrebas de ses jupons les douze coups de minuit
L'imminence de chaque coup fusait
tels des feux météores porteurs divaguent des plus hautes vérités
et je courbai l'échine tels ces serviteurs ambitieux
qui progressent dans l'ombre à pas de loup et yeux de chats
et pour la conquérir il me fut enseigné
mille raisons d'espérer
en fleurs piquées à ses talons
ma capitulation en litanie à sa fureur

Et j'ai creusé
ta face dans l'inconnu muselé
toi silence hésitant
et d'absinthe me parleraient mieux
tes sacs et paires de gants
innocence une fois
en raison de mes mains en quête insoupçonnée

Mais aux confins en contrebas des fenêtres vitrées, ta lèvre, ton cou et
l'éclat de ta peau timidement dénudé jusques aux frontières supérieures
de ta poitrine filaient une langue
à deux pas trois mouvements de mon désir

De frayeur je sentis l'élan en moi du crapaud de ce conte de fée Ma
peau se retourna en moi Ma langue virevolta sept fois

Être ton fou ton mystérieux ton beau dégoulinant crapaud visqueux

à ces mots me voici perdu au royaume de la nuit
à quatre pattes par le pouvoir d'herbes étalées mon sang
bravant mille périls de ma demeure à ta fenêtre
Pour dans la mare de tes baisers sucer la bave
qui m'anoblira Prince

Lors que tu parles

Lors que tu parles et me souris
    Ô je suis subjugué

Lors que tu parles et me souris
des yeux et de tes lèvres
Ô je suis embarqué

Sur mille lieues de bonheur
Contenue mon ardeur
Pourtant

Lors que tu parles et me souris
S'ouvrent les cieux deux bras de mer
Avec le Très-Haut
me réconcilient

et mon péché me terrifie

et d'autres péchés
moult péchés à chaque sourire
pour le peu de sourire
que tu jettes parfois
javelines assassines

Lors que tu parles et me souris
j'ose à peine sourire
Et passe à autre chose
comme si de rien n'était

Je te porte

Je te porte ma Foi
Je te porte mon Tout
Sur les bras je te porte

Inépuisable encore
Sur le corps je te porte

Je te porte mes yeux
À chaque coin de rue
De ma ville je te porte

Tes bras mes bras s'accrochent
Et nos jambes s'adonnent
À rondes infinies

Toi chacun de mes yeux

Et au Feu Et au Vent
Tu emboîtes le pas
Et de ta joie devances
Mes trente ans épuisés

Je te porte quand même

Mille ans le pas tu traînes
De plus bel je porte

Je te porte ma voix
Je te porte ma hanche
Et je cabre le torse
De ma peau me dénude

Et scalpel à mon front

Où je te porte aussi
Où je te porte encore

Et la Brume Et la Nuit
Et la Neige et la Grêle

Je te porte mes yeux
Je te porte ma bouche
Je te porte mon souffle

Fleur Patience Renouvelée

Je te porte mon Fils

Mais au bout de la route
Tes trois ans haut me portent

Vers immensités cieux

Mitan lannwit

Mitan lannwit bare m
Ou bare tout panse m

Bra mwen
Deux bras ballants
Bras hésitants bras murmurant tonnant

Mitan lannwit apenn sonnen
Douvan lannwit fenk kontre bout lannwit
Ou bare tout panse m

M ta mitraye tout rakwen nan kò w ak tout rakwen nan kò m

M ta rive sou ou

M ta mare w

M ta lage w

Pou m remare w

Pou m relage w

M ta venere w

M ta bo pwent pye w
Bo talon pye w

Bo bouch ou
bo kou w

Bo pwent tete w

Rale chive w

M ta rive sou ou kou lannwit fenk leve
Bo jouk li jou *fruit défendu* w
Plante mil katye jeneral byen ba douvan l
Epi refè nan pye l
En digne héritier de Vertières
An gran brave danje
La geste de Capois

Epi m ta mete m tou piti
piti piti piti
pou m vin kache nan chak ti boul gogo w
nan chak kilòt ponpon inosans ou
nan paradi janm ou k louvri
tankou *deux* bra danje
tankou *deux* bra lavi

Epi m ta mete m tou piti
piti piti piti
Pou m vin Towo Gwonde w
Pi bèl fov nan savann lavi w
Galaksi kote rèv ou ka vin layite byen gran

M ka monte pou ou
jouk nan sen *l'infini*

Si j'étais Prince !

Si j'étais Prince
Je donnerais mille jets d'étoiles
Et trois ceintures de lune
Pour tes yeux claires pierreries
et monstrueux obscur

Et sans scrupule je m'en irais en première ligne négocier la mort
de trois mille ans de Paix
sur trois mille fronts de guerre
Pour qu'en haute mer je puisse chevaucher ta vague de mon navire ardent
Et sillonner ton antre sidéral de dix-huit mille têtes de fusées

Et ce soir même si j'étais Roi des rois
Mon Empire aussi beau que la démesure même

Si j'étais Lion
Si j'étais Tigre

Tigre d'Aurores Maître des Ouvertures

Tigre de Nuit

Et Tigre à dents de sabre Éventreur d'Horizons

Je m'inclinerais pourtant à tes pieds tel un chaton des plus inoffensifs
Et ta main absoudrait de tous mes péchés
le plus grand

Il fut un temps

Il fut un temps où les amours
Étaient de blanc vêtus
Temps castagnettes
Temps ruisselets
Tambourins en tambours

Ce temps tu ne l'as point connu

Il fut un temps enfant adolescent
Un temps d'adultes
Bêtement innocents

Il fut un temps où les amours
De rosée s'en allaient sur les matins purs de la baie d'été

Ce temps tu ne l'as point vécu

Et je revois tes yeux crachant aux quatre coins de l'impatience
l'ignorance de tes jeunes printemps
Qui s'effeuillent plus pesants que ce cœur ne dit mot

Il fut un temps où les amours
Embrasaient d'un chaud feu d'hiver
Des pans de mornes plus incommensurables

Qu'un tour de cœur
Qu'un tour de flamme
Qu'un tour de souffle

Il fut un temps où les amours
De blancs vêtus
Ce temps
Tu ne l'as point connu

Et tel un amour consentant
Ce temps ne t'a pas vue venir
Ni d'antre Ni d'angélus
Ce temps non plus il ne t'a point connue

Et ton amour trop vite a pris le large
Petit amour pressé
Petites enjambées de petits amours
Diablotins orgueilleux
Vers le grand ciel

Et Petits amours je sais tout
Petits amours je veux tout
Petits amours je suis tout
Et ce bleu incurable à ce cœur mien

Il fut un temps où les amours
Étaient de blanc vêtus

Et trop tôt ces amours venus
Et trop tôt ces amours partis
Et trop tard ton amour venu

Il fut un temps qui ne t'a point connue

Pour ne plus en parler

Il lui prit la main du bout des doigts
Et comme pour la salir y approcha son stylo-bille
Sans arrière-désir elle se laissa faire

Presque par surprise il fit passer depuis l'encre jusqu'à sa
paume ce trouble étincelant qu'elle avait la première et si
inconsciemment de son regard pourtant fuyant semé en lui telles
ces ardeurs contenues

En toute discrétion et sans mot dire
l'aveu du crime venait d'être consommé
En un instant comme on s'empresse
de se défaire d'une illusion
Pour n'y plus revenir

Elle n'en revenait pas

À peine quelques traits de sa plume sillonnant les lignes de sa main

Elle en voulait tellement à ces petits caractères froids fins rangés
de marbre
sous ses yeux

Ô maladresse
Inélégance

Elle aurait tant préféré son courage son temps sa voix
à ce détour
Puis
d'un coup de tête elle se ressaisit

Lui pardonna

Gomma de sa mémoire et de sa vie cet aveu
cette illusion
qui ne méritait pas de vivre

Pour ne plus en parler

Hommage à Sylvestre JARBATH (BELLEVUE)

Il a rendu l'âme dans la nuit du 24 au 25 mars 1975. C'était mon grand-père maternel. Nous ne l'avons pas connu mais par son nom ma mère nous enseigna l'amour de la Beauté, de l'Intelligence et de la Droiture. Combien de fois n'avons-nous pas entendu maman nous recadrer avec fierté et sévérité : « *Ou genlè bliye ke se pitit Sylvestre ou ye !* » ?

L'homme était d'une grande beauté physique, aimé de tous, à la peau fine et couleur de la nuit, aux traits harmonieux, aux épaules étendues comme pour servir d'assises à sa large poitrine abritant un grand cœur. Sa taille défiait les cocotiers des Orangers, petite section rurale blottie aux alentours de mon Jacmel natal. Il était d'un port de corps et de tête qui n'avait d'égal que sa fierté et le soin qu'il mettait à cultiver la droiture de son âme.

Cultivateur, couturier, propriétaire terrien mais pauvre et détaché des choses matérielles, il était de ces rares paysans de l'époque qui savaient lire et écrire. Il vouait un amour démesuré aux mots et à la danse qu'il a transmis à ma mère, mes tantes et mes oncles, tous passionnés de rythmes et de belles paroles. Les femmes tombaient à ses pieds comme tombe la manne aux pays des miracles. Dans leurs vieux jours, certaines se souviennent, paraît-il, encore de ses prouesses. Il officiait souvent dans les veillées funèbres, dominant la nuit de ces contes et légendes auxquels nous, haïtiens, nous adonnons dans les moments de deuil comme pour nous moquer de la mort.

Il était franc, direct, entier.

Il détestait l'hypocrisie. À cet égard, il demanda que sa sépulture ne soit jamais « *blanchie* » ni couverte d'ornements. Vous verrez donc quelque part, dans la section rurale des Orangers, dans un petit cimetière familial, une petite tombe, grise, sur laquelle ma mère vient de temps en temps se recueillir.

L'homme s'appelait Sylvestre JARBATH ou BELLEVUE pour certains.

Beau comme un dieu.

Beau comme tous les JARBATH.

Et puisqu'il aimait l'eau de vie, je répète et je chante et épèle après lui :

« P – A –   Pa

B-A -   Ba

Pa ba

L-I –   Li

T- A –   Ta

F-Y-A -   Fya

Pa ba li tafya
Nonm lan deja sou ! »

Saint-Maur-des-Fossés, Région de Paris, 25/03/2021, 14h07

Ne vogue plus notre amour

Nous voguions sur les plages
Nous vivions d'excroissances écumes
De la ville de Jacmel

L'innocence était notre fée
Toi ma fille
Moi le père que tu n'eus point
Du haut de mes 16 ans

Chaque flux de la ville décadente
Et reflux jadis Amante de Terre Haute
Et de cœurs pareils
Te disaient dépassée
Me disaient dépassé
Avant même que de naître

Nous n'eûmes pas 20 ans

De la ville décadente
Le destin arracha
La voûte calcinée d'un soleil bien trop pur
Enfance de l'Amour
Ô Amour notre enfance
Tu crevas d'un trop plein de beauté un matin chaud d'Hiver
Et c'est bien fait pour toi

Le mauvais œil des dieux ne t'a point effrayé
Tu allais ton bon train roulant par terre d'éclaboussures d'éclats
de rires la jeunesse de tes jeunes années
Insultant ceux qui ne connaissent ni l'eau fraîche ni les yeux clos
ni la narine chaude de l'Horizon
Mais la rayure même des cieux

Puis tu portais nos mains d'adolescents à demi-cécité
À peine pouvions-nous voir le monde autour
Cracher la colère des hommes
Et la détresse des femmes en bandoulière haut de couleurs

De la ville décadente
Le destin arracha
La voûte calcinée d'un soleil bien trop pur
Enfance de l'Amour
Ô Amour notre enfance
Tu crevas d'un trop plein de beauté un matin chaud d'Hiver
Et c'est bien fait pour toi

Ton bonheur était majestueux plus que toutes les nostalgies
La gorge déployée des lataniers
plus majestueux qu'une entrecuisse de bord de mer
qu'un sein pulpeux de mai filant sa langue pour mieux la
dérober
aux fous du Roi
aux soubresauts de l'aube
à la grimace des mains moites oublieuses du Temps

Enfance de l'Amour
Ô Amour notre enfance
Tu crevas d'un trop plein de beauté un matin chaud d'Hiver
Et c'est bien fait pour toi

Nous voguions en silence
Nous voguions en tempête
Nous voguions en jeunesse

Nous voguions en vacarme quand la ville dormait
Et l'éclat de notre jeunesse faisait contrepoids de leurs mains

Et cet amour était injuste
Car cet amour était donné
Car cet amour était naissant

Et comme tant d'amours
Nous ne voguerons plus
Et c'est bien fait pour nous

Tricherie

De ta lèvre à ma lèvre
Indomptable
Tricherie consommée

De ta lèvre à ma lèvre
Vogue bout de fumée
Vaque la cigarette
D'amitié
Qu'on partage

Et je triche

C'est l'amour que je fume
L'innocence que tu bois
Le péché que je fume
Et à ta lèvre injecte
à l'insu de ton cœur

De ta lèvre à ma lèvre
Tant de rives
Et qui fuient
Tant de songes
Et succombent

Seul l'éclat de fumée
De ta lèvre à ma lèvre
En connaît le secret

Et ta lèvre innocente
D'amitié le partage recommence

Tu m'en jettes un morceau
Brûlent mes plaintes
C'est mon sang qui se perd

De ta lèvre insouciante
D'amitié qui sourit

à ma lèvre ravisseuse
à ma lèvre qui sait

muselée

à ma lèvre qui se tait
à ma lèvre qui saigne

Ô Mortelle

Ô Mortelle
Ton cortège aux verdâtres prunelles
De mon heure qu'as-tu fait

Ô Mortelle et verdâtres prunelles
Qu'à l'instant moi je subis vos lois

Mais Mortelle
Taciturne
Aux yeux remplis d'ailleurs
Et d'hivers
Mortelle
Je te contemple
Le sais-tu à l'instant

Où les cieux ont raison de l'orgueil qui me ceint
Où mes doigts impuissants à s'ouvrir tous regards et tous feux
à mille cécités d'Homère

Le sais-tu à l'instant
Que c'est toi que je vois
Qui s'impose à la page blanche
Qui s'impose à l'instant
Unique poésie
Ton regard la candeur
Et ta lèvre ne meut

Et voici que du haut de ton rire
Mon poème se fait beau
Comme l'enfer serait
Et en trombe détalent ses fresques
Tout autour du poème
Son poème

Et voici mon poème
Aux portes de l'inconnu
Serait-ce mon poème le plus sage des mots
Puisqu'il devinerait le feu sis dans la goutte

Mais tes yeux d'une clarté furent si porteurs - voyons -
Que m'y suis perdu d'une fureur clairvoyance
Ainsi de toi j'ai pu chanter
Ce que de toi n'ai vu

Fixité dans le temps
Cristallisé
Le jour je ferai à la pierre une ovation afin que ta couronne de surdité soit aux flancs de temps
Qui donne qui ôte

Mais rien même pas ses longs doigts bleus à même la terre féconde
Même pas ses pas
Car si l'on foule de l'ongle et de la plante
Toi tu foules de l'aile
Comme un flocon en fuite

En cours Propos
De rêves
et rues

Torrents d'abysses

D'abysses aimés D'abysses perdus

L'Océan mon idylle L'Océan
bras endurent

L'Océan notre face

Chaque joue de répit
De paumes et charités ma main

Vastes hypocrisies
Et vastes surdités
Comme un poisson dans l'eau
Sinon je meurs en vos seins pieuvres

Vastes hypocrisies
Et vastes surdités
Maitresses qui m'enlacent et me fracassent
Déesses barbelées

Le monde à vos images
Sinon je crève
Chaque joue de répit en vos seins pieuvres

Dialogue

*Poème co-écrit par Pierre-Stanley PERONO et Max Renaud LUBIN
le 2 juin 2006 en plein cours d'histoire d'Haïti en terminale au
Centre Culturel Alcibiade Pommayrac à Jacmel, Haïti*

L
Revenons à nos moutons
Nos passions
Celles qui nous emportent et nous déportent
Là-bas, oui, là où tu regardes
Portons le coup de grâce
à ces affects sans cesse
Jouissons-nous de ce temps
Tant il est

P
Tant sera-t-il
Soyons
L'élan rivé
Un rêve sur la rive
L'enfant
Qui l'ambre quémande
Comme un lac de l'or
Comme une flaque épatée
Dé dans l'eau

L
Sans entrave aucune
L'instant du rêve
Seul

P
Nous ceint
L'espace
D'une hanche sourde
Batifole tambour
Dans l'eau
Que diable lourde
Ciel que passé
Poème nous étreint

M'ap gade

M'ap gade lavi k'ap zige devan ak tout boulin
Men se yon sèl lavi k genyen
Epi m'ap gade w k'ap file

Ja w ap gade douvan
Ja w ap gade dèyè
M'ap kanni sou kote w
Lespri w mare
Lespri bizi
Kote k gen plas pou lanmou la a

Mwen ti feblès
Mwen m ap reve
Men m konnen byen
Kote k gen plas pou lanmou la a

Men pa gen plas pou lanmou la a
Ti nannan tray ti bout zantray
K ap bat chak jou pou ou

M pran devan
Banm tou toufe l pou ou
Banm tou toufe l pou nou

Se bigay serye k'ap pale
Fò w fè yon chwa
Fò w rezone
Dife sa banm tenyen l pou ou

Epi m p ap ba w manti
Ou te mèt kwè m
Mwen pa si mwen pa *that*
M pa ni lezanj pou m ta sove w
M pa wa Salomon pou m ta benyen w nan lò
M pa menm yon moso powezi
Pou m ta soulaje kè w
Nanm ou
Ke w di lavi blese

Men non m p ap ba w manti
M s'on bout ròk ki tou glase
Ke lavi fin fwadi

Banm pran devan pou ou
Pou nou
Pou mwen
M ap toufe limyè sa
Ke de je n pa ka wè

Epi lavi a ap file
Kou lafimen k pran nan twa wa
M lonje men m
Atò lavi a ap file

M ap gade w k ap zige
Ou menm ki delivrans

M ap gade w k ap file
Nanm mwen san delivrans
Lago deli sa mare l sèt poto

M'ap gade lavi k ap file
Epi pa genyen *deux* lavi
Epi pa genyen *deux* ou menm

Déclaration de capitulation

Que m'importe ton cœur
Si mes yeux alanguis
Si ma bouche meurtrie d'un feu pâle

Que m'importe ta vague
Que m'importe ton cœur
Si d'épines ta rose ancrée à mon soleil

Peu t'importent mes yeux
Las de rêves et de flammes qui rampent
Chaque croûte de terre à portée des étoiles

De sang fêlé
et divague promise

Que t'importe mon cœur
Que t'importe mon âme
Que m'importe ta vague
Si plus lourd que la pierre se disperse ton souffle

Et de nuits tyranniques ta peau
Tel un quai fabuleux

Que m'importe

Pourtant
D'or et d'obsèques
D'âmes et mitrailles
Au quotidien
De mémoires éternelles
Je pare ton cœur de neige

13 janvier 2010

Vagues d'encolures
Je butte
Aux trois palmiers sur la colline
Suture
Vagues d'encolures
Je butte

Deux bouts d'été
Je cède l'aube
Et s'émeut ma tourmente de toi
Deux bouts de neige
Férule
À portée des entrailles

Pour toi mon île
Lune à deux paumes
Pour toi lys
Pour toi fleurs
Pour toi bleu et rosée

Vagues d'encolures
Je butte
Aux trois palmiers sur la colline
Suture
Vagues d'encolures
Je butte

Spasmes dans la mémoire
Pierre cardinale de mon tour de soleil
À peau de nuit
Écumes en stèles

Ma tête à demi-nue
Et mes pieds n'assourdissent
Sis à tes pieds de plomb
Et d'aigres pierreries

Sied-il qu'à ta rencontre vienne

Il n'a pas voulu être cette goutte de palmes
Et ce regard rivé aux avances de lune
Il n'a pas voulu être
Il est tout simplement
Car la Femme l'a choisi

Et partout où fuse sa foi à l'écorce de nuit
Tangue la mer aux îlots de son cœur
Danse l'Afrique
Brûlure
Une amante aux yeux de scarabée
Un tapis bleu de lance
Un éclat de potence
Inconnu de sa félicité

Aussi dur que l'été fraternel que la baie où chancelle le temps

Il n'a pas voulu être
Il est tout simplement
Comme toi l'autre jour à l'église m'a fui
Mes mains lianes en liasse à l'approche de tes seins
Pour revenir plus belle dans ton fauve de charme

L'aube seule connaît son tour
La farce du grand creuset qui nourrira son bond ou cassera son vol

    Les chaussures sur la table je ne les ai pas choisies

Ni la rose à sa porte
Ni la fleur à sa porte
Un regard de printemps

                      Ni la rose fumée
                      Entrecroisés d'envols

Ni la rose légère
à l'éclat de ta robe
                      Ni la rose fumée
                      Entrecroisés d'envols

                      Entrecroisés de frères
                      Entrecroisés de sœurs

Entrecroisés de blocs et d'éclats de bétons

Entrecroisés de fleurs

                      Et l'instant de ta nuque
                      Et l'instant de ton souffle
                      Entrecroisés de fleurs

Entrecroisés d'étoiles
Mais qui sait
Fleurs de l'eau
Fleurs de l'air
Fleurs des cieux

                      Anonymes

                      Entrecroisés d'adieux

Et quelle beauté de mandragores
Ô femme couleur de son errance abrupte
À pic
Comme un jour bel à pic

Au soleil adossé à ma vue délassée
Immobile tu te meus
Éclair ta chevelure à dis pas camisole et mille lieues d'innocences
Souvenances et bien sourds qui tanguent exilés

À mes trouvailles
Stèles !

Aussi serf le tourment et offerte ta face que l'espoir interdit

Mais quelle patience n'attend ce jour de soleils *chus* à ta ceinture
de Caraïbes
Irrévocable
De la cale qui n'attend l'océan à ta porte
De sauts de coudes et d'éclats de genoux
Vertical
Qui n'espère
D'aurores midi et d'angélus
En fils parmi les fils

Et si la nuit nous jette sa dague de glace et d'ombre
Nous filerons en feu d'étoiles et yeux de chats
Comme à l'accoutumée des révoltes de canne

Et à ta chevelure chaque larme de joie
Accrochera mon souffle en nœud-fidélité

Pase vire monte

M pase vire monte
M pase vire desann
M rankontre w kita
Nago mwen rankontre w

M leve w disèt wotè nan tout rakwen lannwit
M'ap gad tete w doubout k ap file devan jou m
pou l pa met pye devan kabann sere kole n

Ayayay
Gade fanm dous
Gade fanm pilbowo
Fanm plenn pi ba a
Gad fanm letan
Fanm lakansyèl
Gad savann fanm
Fanm pipirit
Moute jarèt lesyèl pa do

Gade tout fanm nan yon sèl fanm

Banm ba w yon ti bag won san bout
Kou loko van

Banm ba w yon ti bag won san bout
Kou loko van
Banm ba w yon ti bag won san bout
Kou loko van

J'ai aimé une fille

J'ai aimé une fille
On n'avait que 16 ans

J'ai aimé une fille
Elle n'avait que 20 ans

J'ai aimé une fille
Elle n'avait que 30 ans
J'ai aimé une dame

J'ai aimé une fille
Elle n'était qu'Indienne
Elle n'était qu'Africaine

Elle avait la peau blanche du froid blanc de l'Europe
Elle avait la peau digne de la rougeur du cuivre
Elle avait la peau noire aux senteurs de café

Et veillées

J'ai aimé une fille
Elle n'avait que mille ans

Indienne
Haïtienne
Africaine ou une autre

Mais qu'importe

Elle était différence
Elle était ressemblance

J'ai aimé une fille
Je ne sais
Elle est mon ignorance

Elle avait la peau digne des sentiers d'Outre-Cieux
Et son regard des airs de terreurs assurées

J'ai aimé une dame
Elle n'était que péché

        Son petit pied le pied mignon de la colline
        Que pourtant je n'ai jamais vu
        Son sein joyau de colibri
        Son petit pied son sein
        Le jeu
        Cigales des fugaces

J'ai aimé une fille
Elle était différence
Elle était ressemblance

Et sur chacune de ses innocences en éclats
Naissait l'aube
Tel un prématuré de rosée
À son front
S'adonnait l'océan
Indigo
Et mille nuits de vertus

        Et je l'ai dite Jeunesse
        Rebaptisée Suzette
Reine du bas de ma ville manœuvrant les plus belles hauteurs

Fait d'elle ce qu'elle ne fut pas
Ma taille Ma ceinture d'amazone
Le grand péché du golfe

J'ai aimé une fille
De mon souffle à son souffle
On n'avait que péché
On n'avait que bien fait

Manmzèl

Eske ou konn Manmzèl
Kite m pran ti chèz ba m
Pou m detaye w Manmzèl

Manmzèl s'on fanm ki tèlman tyak
Ki tèlman dyanm
Manzè pike
Manzè s'on te jenjanm

Tonnè kraze m mwen di ke si *Oswald Durand* te konn Manmzèl
Se pa Choukoun li t ap ekri
A non se pa Choukoun li t ap ekri
Paske cham Manmzèl pa piti

Manzè se fanm chans mwen
Kout manchèt nan legodyenn biskèt mwen
Manzè se chan kann mwen
M ap chante non li an kreyòl

Eske ou konn Manmzèl
Ou kwè w pa konn Manmzèl

Si w wè lakansyèl k ap dodo meya nan ganmèl je Manmzèl
Ou wè revè gwo trip mwen
Ou wè trimay ti trip mwen

Manzè se boul lanvè lavi m
M pa konn kote l soti e m pa konn kote l pòs
Manzè jis ap woule woule woule ak layite nan vi m

Eske ou konn Manmzèl

Al mande Lakansyèl
Al mande Mòn Lasèl
Al mande Mòn Lapòt
Al mande Zoranje
Y a ba w nouvèl
Al mande Chen Frize ak Mouche Malfini

Y a di w
Manzè se je pete klere pa janm dòmi lannwit mwen
Manzè kanbre tanbou l jouk nan fon dawome m

Pran ti chèz ba w
Ou kwè w pa konn Manmzèl

Manmzèl
Se ou

Lapli tonbe

Lapli tonbe sou tout Pari
Lapli vide Bèl Ayisyèn
Lapli tonbe
Benyen Pari

Lapli lage degidon syèl latè
Lapli vide vide vide
Frison sou kè m pou ou

Gad'on lapli k'ape dyayi
Bèl Jakmelyèn lapli tonbe
Tout plim sou kò m ap delala

Lapli fè m frisonnen
Bèl Jakmelyèn bra lanbouchi
Kote w soti
Vin frisonnen avè m

Lapli vide
Kou latriye

Ou ta di Lavalas nan kè m
Nan yon zil tik san Lame Dayiti
Nan yon peyi san Konvèjans

M'anvi kache
M'anvi kouri
Kouri kache pou gwo lapli Pari
Pou ti lapli Pari

Pou m'al tonbe nan lanbouchi w
Kot tout lapli va pran m'san kè sote

Kot kout loray fanm zile w va kale m
Kote tè Dayiti ou va vale m

Kote m'a fonn
Kou sèl latè

Kote m'a tras'on legzanp dekabès
Yon fwa se ta
K'on zèl kat paradi

D'absolue Terre

D'absolue Terre
D'absolue Eau
D'absolu Air
Je fus aimé

Et toi tu fus feutrée

De mes rages enracinées
Et innocences retrouvées

Ni Femme
Ni Ange
Ni Démon
Ni Déesse
Et moi ta Bête

Frivolité ta hanche une tournure d'Araignée et belle
sa cape d'Araignée
telles deux boules de diamants gigantesques
Mais catapultées en chute libre épouvantée
d'aurores anthropisées

Et depuis ta prunelle de marbre
Se brisa
De grande froidure jadis aimée se dissipa de feu

Tes petits pieds collines et statuettes Tes petits pieds Montagnes
de ma tendresse et de ma Paix

Du premier jour
Du premier soir
Premières escapades
Et des promesses crues

Tes petits pieds collines et statuettes

Montagnes
De grande froidure naguère aimées se dissipèrent aussi

Et toi qui fus aimée
Et moi qui fus feutré
Je saigne de bien des cœurs de couronnes d'épines
Tel un christ épandu à même l'échiquier d'un cadran éternel

Jadis encore Hier
Et Hier encore Jadis
Ainsi fut la promesse de chacune de nos épopées
que nulle feuille d'automne ne soupçonna d'été
Que nul hiver les trouées printanières

C'était le temps béni
C'était le temps des dieux
C'était le temps des Loas
C'était le temps de Dieu
C'était le temps de Jehova

Elohim et le temps

Tes seins pointaient et je faisais le reste

Tes seins pointaient
Et je disais la Messe

Tes seins pointaient
Le monde à mon image dans la vaine quadrature
du cercle de tes yeux

Comme si tes deux jambes arc-en-ciel
faisaient le vœu de me parer des plus
multicolores et courbes grâces

Aubaine sur la baie de Jacmel
Lointaine

Depuis des contrées mal-aimées
Car nous avons tracé de nouvelles voies
depuis le ventre de l'Atlantique
Et pour le plaisir de la chevauchée
nous avons renoncé aux lignes droites
et virages trop terrestres et souterrains

Nous avons pris le large depuis les entrailles sulfureux
d'un volcan suspendu entre deux ouragans

Cap sur le Sur-ciel

Et à bas la Grande Ourse

Car nous avons réinventé la carte des pérégrinations astrales

Tes lèvres de négresses campaient hors de leurs pulpes
une langue flanquée tel un rouleau d'abysses
et toutes nos douleurs s'y déroulaient
tels des ponts méta géométriques

Et chaque mot avait sa revanche de vie
Et chaque geste avait sa charge de fêlure
Chaque regard son poids de vœux
Chaque prière sa poussière d'étoiles

Car ce monde était Juste

Hors sol chaque pointe en avant prenait le sol hargnosité
Et le sol à témoin

J'étais l'Instigateur
J'étais l'Initiateur

Et ma poitrine largeur de feu Atlas
Te portait Géométrie de Femme
Terre promise plus terre que la Terre même

Mais un matin de grand déluge je perdis pied
Alors que la mouche te piqua
Tu décidas de recréer le monde
Cette fois en sept jours

Tu fis d'abord les secondes et les heures
et leurs cortèges de minutes
Puis vinrent la lune et le soleil
La Terre se raffermit d'une marée géante
Bondissant en cassure et en fissure pré-algébrique
On eût dit la promesse de rédemptions nouvelles

mais les astres mineurs jaillirent et tous voulurent être comptés

Tes yeux les regardèrent
Mes yeux les détaillèrent
Tes doigts les baisèrent de baisers d'amours
Mes lèvres les étreignirent d'étreintes de lumières

Et depuis s'amorça l'interminable pesée de nos caresses

Et depuis commença l'exil de ta hanche contrebasse
aux résonances volubiles

Et depuis nous ne sommes plus nus en bonne société
tes seins m'admirent de travers
vêtus de mille accoutrements

Car désormais te voici plus humaine que de raison
Le souvenir de notre haute et indicible geste
cousu à l'endroit décadent immaculé du temps

Ma Bibliothèque

Je jure M'amie
Je bâtirai un jour
Un petit *côté* suspendu
À mi-chemin des cieux
Et de la Terre

Un petit *côté* rase campagne
Un petit *côté* rase-ville

Petit *côté* bien loin de la grande ville
Petit *côté* bien loin de la belle Paris

M'amie je jure
Ce petit *côté* je le sacrerai
D'eau de vie pure d'eau clairin cru
Ce petit *côté* je le baptiserai
Ma foi Ô Ma Bibliothèque

Bien loin de la belle Paris Bien loin de la grande ville
Bien loin de toutes les provinces

Petit *côté* à mi-chemin
Petit *côté* de mes folies
Petit *côté* de ma tristesse
Petit *côté* de mes espoirs

Songeras-tu à m'y rejoindre
L'espace d'une folie subite
Entre deux prudes hésitations de ta prude poitrine

Dans ce petit *côté* bien loin
Puissé-je rampant et précipices te connaître

Je déposerai Kant et sept têtes de canons sur ton sein droit
Ferai reposer Nietzsche sur ton sein gauche
Et dans l'entre-deux vallée des passions
Je planterai Hegel en marche
Et tu engloutiras l'Histoire
J'y perdrai la Raison

Ô toi mon Hérodiade Toi mon Hélène
de Troie

Et puis Et puis

Je glisserai avec le Docteur Jean-Price Mars main dans la main
Oswald Durand et Anténor Firmin
Tous consentants à même ton bas ventre

Et me voyant si près du but
le Christ en bonne chair
bien loin de la Sainte Bible
et bien loin de tous les apôtres
Fera de nous Païens
Nous bénira Païens
Brassés de feuilles de fleurs de souffle d'éclats ailés d'étoiles

Dans mon petit *côté* à mi-chemin
Dans ma bibliothèque
Et pour mille ans

Dans mon petit *côté* à mi-chemin des Cieux de la Terre de la
Grande ville
Dans ma Bibliothèque
Mon navire chargé de tous les livres de tous les mots
de toute la paix et de tout le bonheur
Et de tous les péchés
Et de toutes les absolutions

Je serai tour à tour
Homme Beau
Homme Grand
Homme Pur
Pirate
Corsaire
Marco Polo
Magellan
Christophe Colomb
De Soto
Homme Vil
Homme Faux
Prêtre

Et parvenu à l'origine de toutes choses
De boussole n'ayant que ton antre magnétique
Je supplierai Heure Grave
Je supplierai Rimbaud de bien vouloir t'illuminer

Adieu

Ras l'bol
Je veux baiser des rêves jusqu'au grand large
Adieu Amis
Adieu Pays
Et adieux Femmes
Adieux Parents

Je veux baiser des rêves immenses
À perte de vue la grande aube
Me dit point de salut qu'ailleurs en Poésie

Adieux Bourgs et torrents
Adieux quartiers de mes naissances
Quartiers de mes errances
et toi Ô ville de ma patience

Je partirai vers la Grande Ourse
Quand tombe le soir iront veiller la fausseté des cœurs
Et la miséreuse espérance des petits bonheurs quotidiens
Que leur soit dérobée jusqu'à la décadence de mon rire à plus
forte raison sa brûlure éclatante et ses insultes tues à deux lunes
de fuser

Je vous laisse la Terre les Cieux
Jusqu'à la pureté du jour corrompu d'humaine condition

Je vous laisse rivières et fleuves et océans
Et l'étang satané miroir où vos beautés
vont colonisant l'innocence
De péchés capitaux qui mendient la décence
de fées christianisées

Ahhh me baise mon baiser à la haine fécondée
Me pèse la râclure de sa caresse médusée
Préfère l'étourderie de boiteuses tourterelles
Et elles me disent
Il n'y a de belles heures qu'ailleurs en poésie
Pour les baiser d'amour
Je partirai

Vous aurez la folie du monde à vous tous seuls
Vos yeux noyés de faux dimanches à l'eau dite bénite
Vos mamelons fervents à l'orée de viriles canonnades
Et vos mots morts avant même la percée d'hivers

Je quitterai votre monde fou
Pour ma défense je ne prendrai que l'araignée hideuse et ferai un vaisseau affreux de sa cape montreuse
Il n'y a de bonheur qu'ailleurs en poésie

Ras l'bol
Adieu
Je veux élever ma Galatée
Et porter ses prunelles tels des outre-cieux
Jusques aux firmaments d'une voûte inconnue
Où je pourrai baiser jusqu'au grand large
Rêves et Fééries

Ras l'bol
Il n'y a de baisers qu'ailleurs en Poésie

Fin de propos

Bien loin

Encore plus loin

Par les stèles effeuillées de cette déchirure

À demi-heure feutrée
Chaque étoile
lointain de l'horizon me dira la nouvelle saison

J'accouderai mes tympans
Je hurlerai à peine

Ma joie
Toute neuve
Ma taille nouvelle

À même l'étranglement de bronze
Telle ombre à deux vipères
Iront étreindre jusqu'au bout fin
Tessons après tessons

Pour réconcilier à mes pieds
Mille tapis de rêves dans la nuit
Tu viendras

Fille d'un soleil ardent

Je te reconnaitrai

Belle et vraie

De pureté tel un rêve

Table des matières

Avant-Propos 1 15
Avant-Propos 2 19
Pour avoir déserté 21
Lors que tu parles... 23
Je te porte 25
Mitan lannwit.. 27
Si j'étais Prince ! 29
Il fut un temps 31
Pour ne plus en parler 33
Hommage à Sylvestre JARBATH (BELLEVUE)............... 35
Ne vogue plus notre amour.. 37
Tricherie.. 41
Ô Mortelle... 43
En cours Propos 45
Dialogue.. 47
M'ap gade 49
13 janvier 2010 53
Pase vire monte 57
J'ai aimé une fille 59
Manmzèl 63
Lapli tonbe 65
D'absolue Terre 67
Ma Bibliothèque.. 71
Adieu... 75
Fin de propos... 77

Du même auteur

Essai
- *Les nouveaux enjeux de l'espace*, de P.S. Pérono, M. Jaluzot, P. Touraine (Préface du général Vincent Desportes (2S), VA EDITIONS, novembre 2020

Articles
- *Conquête de l'espace et jeux d'influence*. Décryptage par Maître Pierre-Stanley Pérono, dans le Journal de l'économie, le 26 février 2021

- *Quelle loi pour le domaine spatial ?* Une analyse par Pierre Stanley Pérono, dans RSE Magazine, le 31 mars 2021

- *Conquête spatiale, art de la dissimulation, encerclement conceptuel par le fort, premiers temps et temps long.* Par Pierre-Stanley Pérono, dans la Revue de l'ANAD, numéro 3, le 17 mai 2021

Imprimé en Allemagne
Achevé d'imprimer en mars 2022
Dépôt légal : mars 2022

Pour

Éditions Milot
17, rue du Pressoir
95400 Villiers-Le-Bel